Collection de M. M. F. C.

EXPOSITION

le Mardi 23 Mars 1909

VENTE

le Mercredi 24 Mars 1909

TABLEAUX ANCIENS

ET MODERNES

Mᵉ Gustave COULON

Commissaire-Priseur

ASSISTE DE

Mᵉ Lucien KLOTZ

1ʳᵉ VENTE

EXEMPLAIRE DE H. STETTINER

Tableaux Anciens

et Modernes

DONT LA VENTE AURA LIEU A PARIS

HOTEL DROUOT, Salle n° 1

LE MERCREDI 24 MARS 1909

à deux heures

Mᵉ Gustave COULON, Commissaire-Priseur, 12, Rue de la Victoire

ASSISTÉ DE

M. Lucien KLOTZ, 18, Boulevard de Strasbourg

EXPOSITION PUBLIQUE

Le Mardi 23 Mars 1909, de 1 heure 1/2 à 5 heure 1/2

CONDITIONS DE LA VENTE

——— —

Elle sera faite au comptant.

Les adjudicataires paieront 10 °/₀ en sus des enchères.

L'Exposition ayant mis le public à même de se rendre compte de l'état des tableaux mis en vente, il ne sera admis aucune réclamation une fois l'adjudication prononcée.

Aux Amateurs !

—————•—❮◦❯—•—————

'Au nom du goût, au nom de l'Art et des artistes trop souvent et trop longtemps méconnus, il importe absolument qu'une œuvre soit jugée d'après sa valeur intrinsèque et non d'après les mérites imaginaires que lui prêtent une foule de circonstances extérieures.

La collection de M. M. F. C. qui s'offre aux amateurs de belles œuvres, est une des plus séduisantes que j'ai vues.

On sent qu'à sa formation n'ont pas présidé l'esprit conventionnel et les préjugés qui animent — hélas — tant d'âmes de collectionneurs !

Un homme de goût sûr et d'éclectisme charmant a été capté tantôt par l'expression et la lumière de ce portrait; tantôt par la composition et la « vie » de cette scène ; il a désiré les revoir, puis les avoir pour les admirer selon les caprices de son âme d'artiste et ainsi, par succession de périodes d'enthousiasme, il a réuni, sans y prendre garde, une cinquantaine de chefs-d'œuvre dont il avait subi la voluptueuse attirance.

Une galerie ainsi montée ne pourrait, vous le voyez, être banale ; nous sommes loin de l'amateur qui se dit : « La mode est à telle école ou à tel genre ; je vais m'en procurer un certain nombre de spécimens pour rendre jaloux mes visiteurs et mes amis. »

Avec cette méthode, un collectionneur ne saurait s'entourer d'œuvres sincères, comme celles dont le charme troublant ensorcelle un véritable amant de la Beauté.

Sans doute Musset a pu s'écrier :

Mais combien aussi sont rares les portraits qui évoquent la douceur de ce baiser ! Quelle admirable sensibilité il a fallu au peintre pour donner à ces lèvres une si grande apparence de la vie, qu'elles semblent, ces lèvres, frissonner de désir ! Et ces yeux si profonds et si vrais, qu'on croit entendre une voix mystérieuse dire ce qu'ils expriment !

Eh bien, au milieu de cent toiles, toutes conçues et exécutées avec talent, parmi cent têtes de femmes, aux yeux admirables, aux lèvres impeccables, c'est de celle-là que s'éprendra l'amateur qui n'obéit qu'à la spontanéité de son sens artiste, et c'est, la plupart du temps, une autre que choisira le collectionneur qui s'embarrasse de considérations étrangères à son propre sentiment !

Ce qui prouve qu'en art, il faut admirer pour soi, selon son cœur et son tempérament, et non, par et pour les autres !

Ah, certes non ! ce n'est pas pour les Snobs que M. M. F. C. a réuni ces superbes pages, et si ces œuvres aimées et recherchées des Maîtres français et étrangers l'ont autrefois séduit, ce ne sont pas non plus les poseurs qu'elles attireront aujourd'hui ; mais elles provoqueront, ce qui vaut mieux, l'admiration de tous ceux dont le goût est à l'affût des manifestations de l'art.

C'est cette intéressante collection formée par un des industriels *les plus connus de Paris, qui est en même temps — il l'a prouvé — un érudit et un passionné de la belle peinture, que je suis heureux de vous présenter.*

Vous verrez là parmi les tableaux exposés, des œuvres attribuées à Boilly, Bonnington, Berghem, Canaletto, Challe, Chardin, Goya, Lawrence, Pater, Téniers, Watteau, Corot, Courbet, Chintreuil, Daubigny, J. Dupré, Isabey, Millet, Théodore Rousseau, etc., etc.

Mais en citant ces noms, je touche ici à une question de principe sur laquelle, je vous demande la permission de m'expliquer brièvement : c'est la question de la garantie.

Et tout de suite, je demanderai à l'homme délicat qui achète un tableau capable d'exalter son intelligence, capable de faire vibrer sa sensibilité :

« Trouvez-vous plus de plaisir à contempler cette œuvre, quand un expert aux allures graves, vous aura affirmé qu'elle est bien de tel auteur ? »

Je suis sûr de la réponse.

Non ! pour l'amateur sincère la garantie n'a aucune espèce d'importance.

Une œuvre d'art doit plaire par elle-même : si elle est très belle ou qu'elle réponde à votre état d'âme, si elle peut vous faire penser, rêver, ou aimer, il vous sera impossible de rester insensible à ses charmes. Et personne ne pourra contester qu'elle vous a ému.....

Mais, si on vous la garantit, cette œuvre admirable, soyez certain qu'un jour ou l'autre, un « connaisseur, » dictionnaire des peintres et loupe en mains, viendra vous dire en ricanant : « Ça, une toile de X... ? Vous voulez rire, cher Monsieur ! Ce n'est ni sa palette, ni son dessin, ni sa manière ; en outre, veuillez remarquer que X... faisait toujours suivre sa signature d'une petite barre horizontale, or ici, la petite barre est oblique. En vérité on vous a trompé ! »

Et le sceptique aura versé le poison dans votre âme.

Vous n'aurez plus en face de vous la beauté insoupçonnable qui vous a séduit : vous l'aimerez encore, peut-être, mais à cet amour se mêlera l'amertume du mensonge et vous serez devant votre œuvre d'art comme devant une belle maîtresse qui vous aurait trahi !

Et de quels tableaux, je vous prie, n'a-t-on pas contesté l'authenticité ! Quels experts, même les plus officiels, n'ont pas été battus en brèche, quels chefs-d'œuvres ont trouvé grâce devant le « connaisseur » disciple de saint Thomas !

En vérité, des exemples innombrables nous ont prouvé ce que valent les garanties !

Eh bien ! ces contestations qui se produisent trop souvent en pareille matière, moi, je n'en veux pas ! Et ces œuvres superbes, qui portent toutes les caractères de l'authenticité, je vous les offre, par principe, sans garantie.

Cependant, je pourrais m'autoriser, par exemple, de l'expertise de la vente Beurnonville dont provient « l'Incendie » de Goya, pour vous certifier l'origine de cette prestigieuse peinture, je pourrais faire de même pour certains tableaux qui ont été exposés dans des milieux artistiques et qui défient toute suspicion. Mais, je crois avoir démontré l'inutilité et même les inconvénients du système, et je vous dis simplement : « Voici cinquante tableaux de maîtres français et étrangers, c'est une collection remarquable ; celui qui l'a réunie, âme délicate et raffinée, ne s'est laissé convaincre que par l'éloquence de l'art. Faites comme lui. Laissez-vous guider par votre instinct, et si, dans votre contemplation, vous ressentez ce petit frisson, que connaissent bien et que recherchent tant les amateurs du Beau, n'hésitez pas !

« ... C'est la meilleure des garanties ! »

LUCIEN KLOTZ

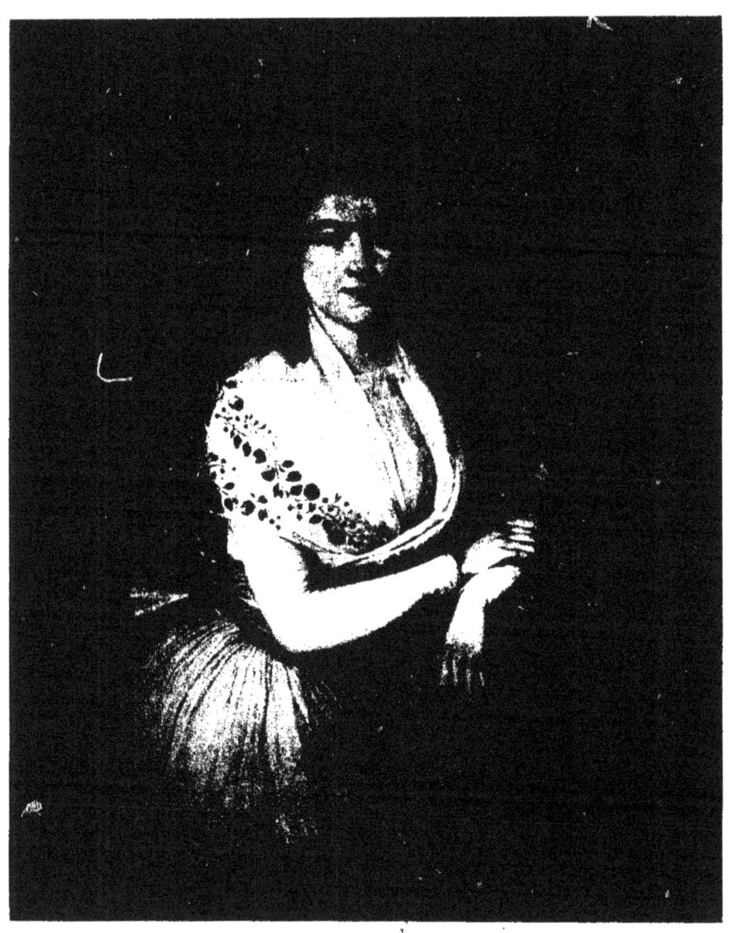

Nº 1. BOILLY

TABLEAUX ANCIENS

BOILLY

(Attribué à LOUIS-LEOPOLD)

1   Comtesse de Savary de Lancome.

De face, assise, le bras gauche appuyé sur un guéridon
Louis XVI, sur lequel elle a déposé ses gants et son éventail.

Signé à droite, en bas : *L. Boilly, 1780.*

Toile. — Haut., 1 m. 07 ; larg., 82 cent.

BOILLY

(Attribué à LOUIS-LÉOPOLD)

2   Il n'y a pas de rose sans épine.

Une jeune femme assise, vêtue d'une robe blanche, une rose à la ceinture, écoute timidement la déclaration naïve d'un jeune homme.

Signé en bas, à gauche : *Boilly, 1790.*

Toile. — Haut., 55 cent.; larg., 45 cent.

BOILLY

(Attribué à LOUIS-LÉOPOLD)

3 — L'offrande à Saint-Nicolas

Dans une église, une jeune femme en prière offre un cierge à la statue de Saint-Nicolas. Une vieille femme, préposée au service de l'église, allume ce cierge.

Signé en bas, à droite : *Boilly*.

Cadre en bois sculpté.

Toile. — Haut., 45 cent., larg., 35 cent.

BOILLY

(Attribué à LOUIS-LEOPOLD)

4 — Désaugiers.

Le spirituel chansonnier est représenté de face dans sa redingote noire.

Ce tableau a figuré en 1908 à l'exposition des personnages illustres, au Palais de Bagatelle.

Toile. — Haut., 28 cent.; larg., 20 cent.

BOILLY

(Attribué à LOUIS-LÉOPOLD)

5 – Portrait de la Mère du peintre Vincent.

Buste vu de face. La dame est coiffée d'un bonnet blanc et porte un fichu blanc sur ses épaules.

Signé en bas, à gauche : *Boilly*.

Toile. — Haut., 26 cent.; larg., 16 cent.

BREMBERGH

(Attribué à BARTHOLOMEUS)

6 — Campagne Romaine.

Peinture sur cuivre.
Ruines dans la campagne romaine.
Au premier plan, à droite, la Sainte Famille.

Signé à gauche, sur les ruines : *B.*

Cadre en bois sculpté.

Cuivre. — Haut., 41 cent.; larg., 55 cent.

BONNINGTON

(Attribué à RICHARD-PARKES)

7 — Porte d'entrée du Château des Comtes de Gand, à Gand.

400

A gauche, on voit la façade d'une jolie maison fla-
mande, derrière laquelle se profile la silhouette noircie du
vieux château féodal dont les deux tours encadrant la porte
d'entrée s'élèvent à droite du tableau. Cette composition est
animée de nombreux personnages.

Signé en bas, à droite : *R. P. B.*

Toile. — Haut., 28 cent.; larg., 22 cent.

BERGHEM

(Attribué à NICOLAS)

8 - Paysage avec Animaux.

Jeune femme à genoux, trayant une chèvre : auprès d'elle, un berger buvant ; quelques animaux dans le paysage.

Pas vendu

Signé en bas, à droite : *H. Berghem. F.*

Cadre en bois sculpté.

Bois. — Haut., 40 cent.; larg., 28 cent.

CANAL

(Attribué à ANTOINE, dit le CANALETTO)

9 — Le Quai des Esclavons à Venise.

Ce tableau rappelle identiquement celui qui se trouve
dans la collection Richard Vallace, de Londres. Sa composition en est la même et ne diffère que dans l'attitude des
gondoliers.

Toile. — Haut . 90 cent.; larg., 1 m. 35.

CHALLE

(Attribué à Charles-Michel-Ange)

10   Marquise de Sariac.

Vue de face, debout dans un paysage, le bras gauche appuyé contre une balustrade, elle semble rêver.

Signé sur la balustrade : *C. M. A. Challe, F. 1754.*

Toile. — Haut., 42 cent ; larg., 33 cent.

CHARDIN

Attribué à JEAN-BAPTISTE)

11 -- Le Cellier.

Pas vendu

Dans une cour figurent, sur une étagère, une bouteille,
un cruchon, un panier de légumes et un fromage autour
duquel trois souris se délectent ; au-dessous de l'étagère, un
pot de confiture et un tonneau ; dans le coin, un coffre.

Signé sur le tonneau : *Chardin.*

Cadre en bois sculpté.

Toile — Haut., 65 cent.; larg., 52 cent.

GOYA

(Attribué à FRANCISCO)

12   Un incendie.

3,000

L'incendie se déclare au milieu d'un groupe de maisons ;
de nombreux villageois arrivent avec des échelles ; au
centre, deux hommes portent péniblement un brancard où
se trouve étendu un blessé.

Vente Baron de Beurnonville, 1881.

Signé en bas, à droite.

Toile. — Haut., 56 cent. ; larg., 75 cent.

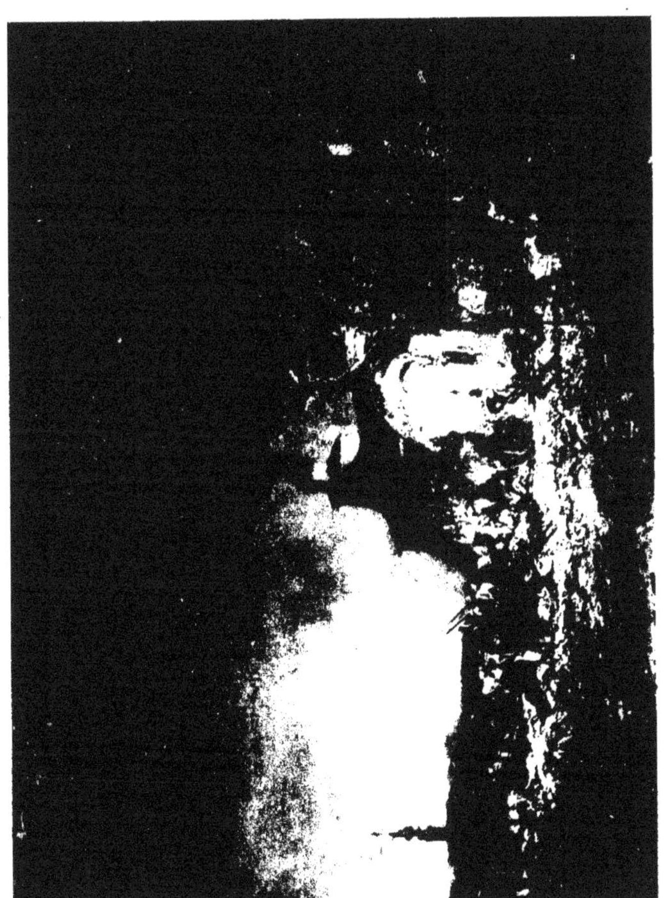
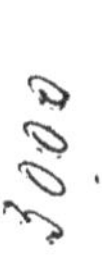

· LAWRENCE

(Attribué à Sir THOMAS)

13 -- Lord Darnley.

Portrait en buste. de face, la tête légèrement tournée à
gauche.
Peinture pleine d'élégance et de hardiesse.

Cadre en bois sculpté.

Toile. — Haut.. 38 cent.; larg., 28 cent.

PATER

(Attribué à JEAN BAPTISTE)

14 — Récréation champêtre.

Dans un coin de parc, une élégante société se divertit.
Signé en bas : *Pater fecit.*
Toile ovale.

Cadre en bois sculpté.

Toile. — Haut., 69 cent.; larg., 56 cent.

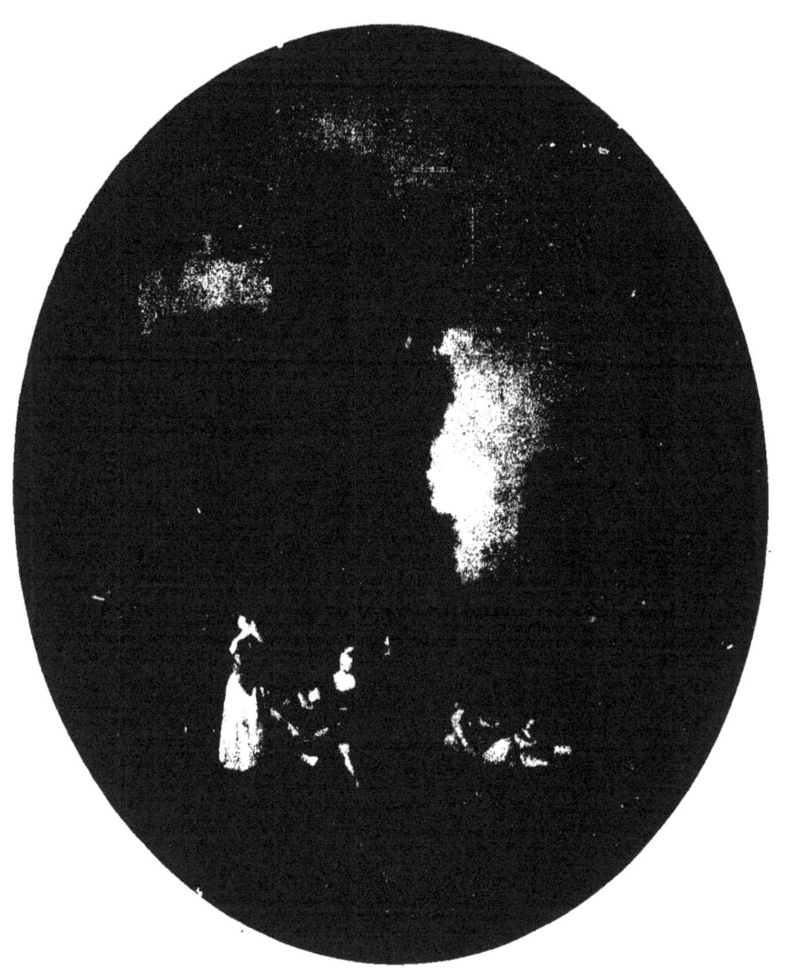

Nº 14. — PATER

Pas vendu

TÉNIERS

(Attribué à DAVID)

15 — Intérieur de Tabagie.

500

Quatre fumeurs assis autour d'une table.
Signé en bas, à droite.

Toile — Haut . 44 cent.: larg., 55 cent.

WATTEAU

(Attribué à ANTOINE)

16 — La Coquette.

2.300

Pierrot, au bras de sa femme, occupé par le vieux Cassandre, ne semble pas se douter que la coquette écoute amoureusement les avances d'un jeune courtisan

Cadre en bois sculpté.

Toile. — Haut.. 43 cent.: larg.. 60 cent.

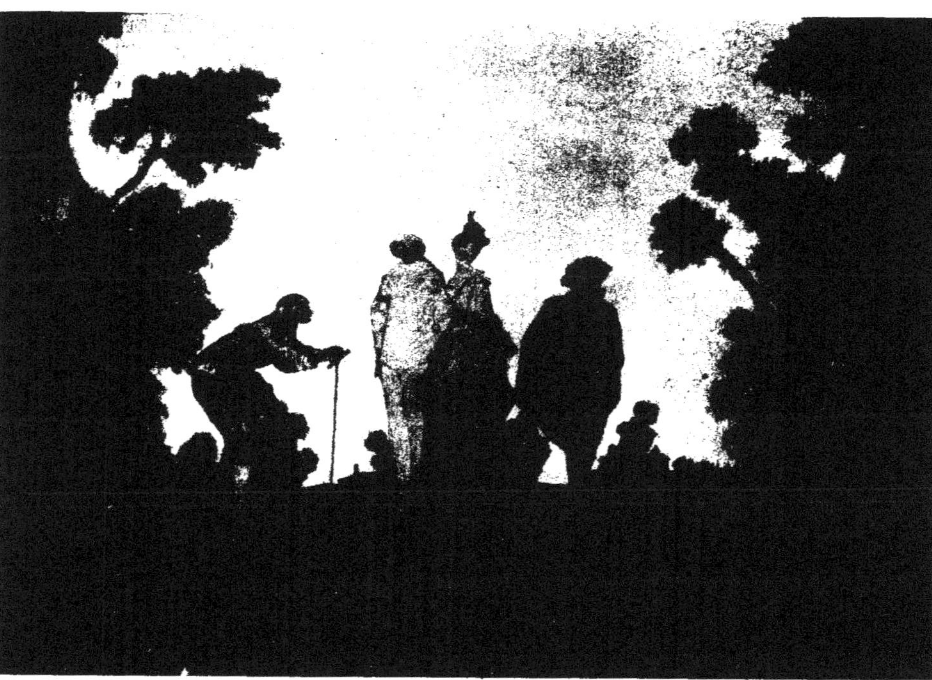

N° 16.   WATTEAU

2300

ECOLE FRANÇAISE

17 — Portrait de Madame X.

340

De face, vêtue d'une robe blanche Empire.
L'intelligence et la distinction qui se reflètent dans ce visage donnent à ce portrait un charme particulier.

Toile. — Haut.. 55 cent.; larg.. 45 cent.

ECOLE FRANÇAISE

18 — Les Vendanges.

300

Peinture décorative.

Cadre en bois sculpté.

Toile. — Haut.. 66 cent.; larg.. 80 cent.

ECOLE FRANÇAISE

19   Portrait d'une Dame de qualité.

450

Vue de face, manteau de velours broché, coiffée d'un bonnet blanc, peinture sur bois. Inscription en haut, à gauche et à droite.

Cadre en bois sculpté.

Haut., 22 cent.; larg., 17 cent.

ECOLE FRANÇAISE

20   La toilette interrompue.

200

Dans son cabinet de toilette, une jeune femme en négligé, se lavant les mains, est surprise par l'indiscrétion d'un petit nègre qui ouvre inopinément la porte.

Peinture sur bois, d'une touche savante et vigoureuse et d'un arrangement spirituel.

Cadre en bois sculpté.

Bois. — Haut., 33 cent.; larg., 28 cent.

ECOLE FRANÇAISE

21 — Les Incroyables au Jardin du Palais-Royal.

150

Sous les grands arbres du jardin du Palais-Royal, le peintre a représenté les mœurs de cette époque.

Dans les déguisements les plus variés s'agitent les personnages, hommes et femmes.

Toile. — Haut., 48 cent.; larg., 46 cent.

ECOLE FRANÇAISE

22 — Les Incroyables.

150

Pendant du précédent.

Toile. — Haut., 38 cent.; larg., 49 cent.

ECOLE FRANÇAISE

23 — Portrait de Jeune Homme.

160

Ce portrait est, croyons-nous, celui du fils Maury de Saint-Victor.

Vu de profil, gilet rouge ; un nœud de ruban vert enserre ses cheveux.

La grâce et l'harmonie s'allient dans ce portrait.

Collection Dumas de Rolly

Cadre en bois sculpté.

Toile ovale. — Haut. 40 cent.; larg. 32 cent.

ECOLE FRANÇAISE

24   La Femme au Raisin.

350

Sur un fond de paysage, une jeune femme vue de face, la tête légèrement inclinée sur son épaule gauche, tient dans sa main une grappe de raisin.

Toile. — Haut. 55 cent.; larg. 45 cent.

ECOLE FRANÇAISE

25 — La Bergère endormie.

Dans un coin de paysage, une jeune bergère endormie ;
auprès d'elle, un jeune berger cherche à troubler son sommeil en lui caressant le visage.

Signé sous le bras gauche de la bergère : *Frago*.

Toile. — Haut., 68 cent.; larg., 78 cent.

ECOLE FRANÇAISE

26 — Portrait de Jeune Fille.

Buste de jeune fille blonde, la tête légèrement inclinée à
droite, drapée d'une étoffe verte ; un nœud de ruban vert
dans la chevelure.
Grâce et sentiment se résument dans cette œuvre.

Carton. — Haut., 20 cent.; larg., 14 cent. 1/2.

ECOLE FRANÇAISE

27   Le Retour de la Bergère.

500

Dans un paysage charmant, une jeune bergère et son troupeau.

Cadre en bois sculpté.

Toile. — Haut., 55 cent.; larg., 70 cent.

ECOLE FRANÇAISE

28 — Prince de Conti.

250

Vue de face, en buste.

Médaillon ovale.

Cadre en bois sculpté.

Toile. — Haut., 40 cent.; larg., 32 cent.

ECOLE FRANÇAISE

29 - Princesse de Conti.

Vue de face, en buste.
Médaillon ovale.

Cadre en bois sculpté.

Toile. — Haut.. 40 cent.; larg.. 32 cent.

ECOLE FRANÇAISE

30 — Portrait de Madame X.

Vue de face, le bras légèrement tournée à droite ; le bras
droit pendant, elle tient un éventail.

Cadre en bois sculpté.

Toile ovale. — Haut., 1 m. 02 ; larg.. 78 cent.

ECOLE FRANÇAISE

31 La Femme à la Rose.

500

Tient de sa main droite une rose.
Médaillon ovale.

Cadre en bois sculpté.

Toile. — Haut., 35 cent.; larg., 25 cent.

ECOLE FRANÇAISE

32 Le Portrait.

100

Une jeune femme, sollicitée par un courtisan, semble
le repousser en lui montrant un médaillon renfermant un
portrait.

Cadre en bois sculpté.

Toile. — Haut., 17 cent.; larg., 27 cent.

ECOLE FRANÇAISE

33   Portrait de Jeune Femme.

Vue de trois quarts, parure à plumes blanches, corsage violacé.

D'un dessin exquis et d'une expression élégante.

Signé à droite, en bas : *A. W.*

Toile. — Haut., 15 cent.; larg., 36 cent.

ECOLE ANGLAISE

34 — Portrait de Femme.

Vue de face : la chevelure enroulée autour de son corps ; le bras droit appuyé sur un socle.

Toile ovale. — Haut., 75 cent.; larg., 60 cent.

ECOLE ANGLAISE

35 — Garden Party.

350

Dans un coin de jardin, une famille réunie à l'heure du thé.

Toile. — Haut., 65 cent.; larg., 83 cent.

ECOLE ALLEMANDE

36 — Portrait de Madame X.

170

Elle tient dans son bras gauche un petit chien griffon.

Toile. — Haut., 36 cent.; larg., 28 cent.

Tableaux Modernes

BONVIN
(Attribué à FRANÇOIS)

37 — La Tricoteuse.

Pastel.
Signé en bas.

COROT

(Attribué à CAMILLE)

38   Le Passeur.

A gauche du paysage, sur une rivière s'étendant du fond de l'horizon jusqu'au premier plan, un passeur prépare sa barque pour gagner l'autre rive.

A droite, de grands arbres derrière lesquels se dessine un monticule bordé de maisonnettes.

Au premier plan, deux femmes, dont une tient un enfant sur les bras et l'autre à la main, devisent entre elles.

Le long du sentier qui serpente ce paysage, une troisième femme chemine, sa besace sur le dos.

Signé en bas, à droite : *Corot*.

Toile — Haut., 56 cent ; larg., 78 cent

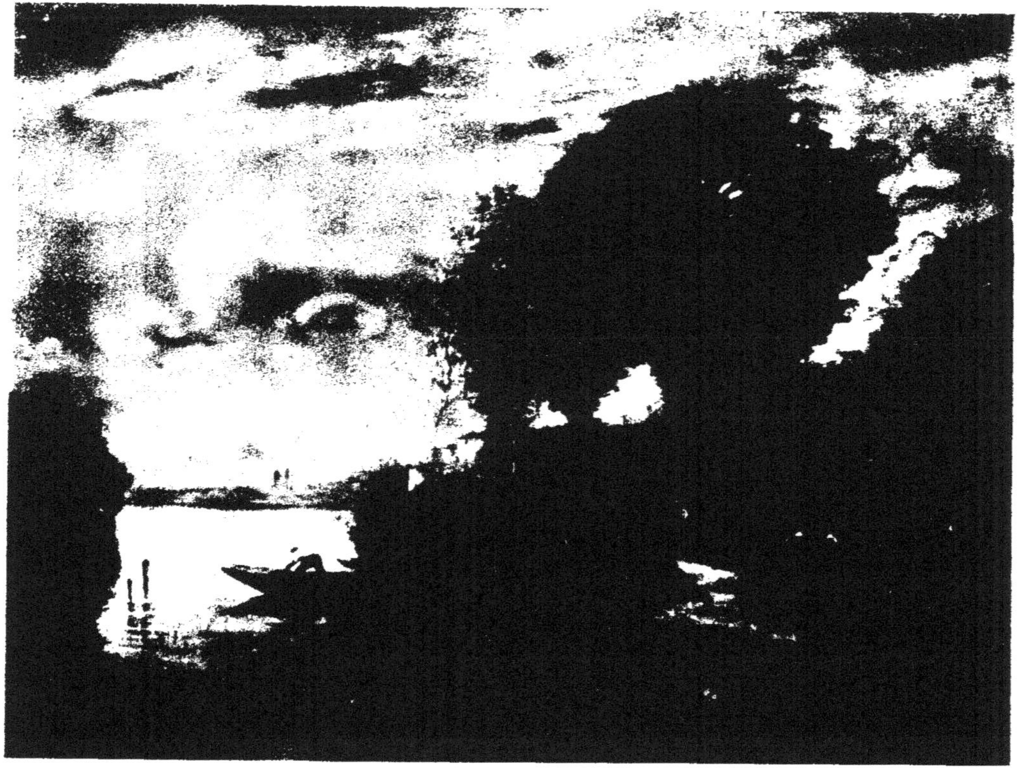

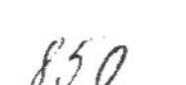

N.º 28.   COROT

850

COROT

(Attribué)

39 – Le Moulin de Valmondois.

Sur les bords du ruisseau du Sausseron s'élève le vieux
moulin derrière lequel se dessinent les coteaux de Parmain ;
au premier plan, une femme se dirige vers le moulin.

Signé à gauche, en bas : *Corot*.

Toile. — Haut., 27 cent.; larg., 35 cent.

COURBET

(Attribué à GUSTAVE)

40   Le Sommeil.

400

Dans un paysage, à la droite duquel un lac reflète le bleu du ciel, une femme qui occupe tout le premier plan, mollement allongée, semble dormir d'un profond sommeil.

Signé à gauche, en bas : *Gustave Courbet.*

Toile. — Haut. 32 cent ; larg. 33 cent.

COURBET

(Attribué à GUSTAVE)

41 Plage.

A droite : la mer, un petit voilier dans le fond ; à gauche et au centre, les falaises baignées par l'eau : au premier plan, deux barques.

Signé à droite : *G. Courbet, 1861.*

Toile. — Haut. 47 cent.: larg. 60 cent.

CHINTREUIL

(Attribué à ANTOINE)

42 — Le Verger.

Paysage de printemps : dans le fond, un groupe de maisons ; au premier plan, un jardin avec quelques arbres fruitiers.

Signé à droite, en bas : *Chintreuil.*

Toile. — Haut., 50 cent.; larg., 37 cent.

·DAUBIGNY

(Attribué à CHARLES FRANÇOIS)

43   La Bonneville.

Dans un ensemble de verdure se déroule l'Oise transpa-
rente ; à l'horizon, les coteaux de l'Isle-Adam ; à gauche et
à droite, des bouquets d'arbres ; au premier plan, la berge
verdoyante.

Signé à gauche : *Daubigny.*

Toile. — Haut., 55 cent. ; larg., 90 cent.

DUPRÉ

(Attribué à JULES)

44 Matinée d'Été.

Sous de grands arbres plantés dans un sol marécageux, des vaches viennent boire. Les éclaircies du fond, entièrement ensoleillées, donnent l'impression d'une belle journée d'été. Un nuage blanc, derrière les grands arbres, se dessine sur un ciel bleu.

Important tableau, signé à droite : *Jules Dupré*.

Toile.   Haut., 65 cent ; larg., 74 cent.

N° 11. — DUPRE

DUPRÉ

(Attribué à JULES)

45 – La Charrette de Bois.

Esquisse. Dans un paysage bistré, rappelant la facture de Constable, une charrette chargée d'une pièce de bois se dessine à l'horizon.

Signé à droite : *Jules Dupré*.

Toile. — Haut., 30 cent.; larg., 40 cent.

DUPRÉ

(Attribué à VICTOR)

46 Le Moulin à Vent.

Signé en bas.

Toile — Haut., 25 cent.; larg., 38 cent.

ECOLE FRANÇAISE

47 Les Baigneuses.

Toile. — Haut., 55 cent.; larg., 45 cent.

DELACROIX

(Attribué à EUGENE)

48 **Saint François d'Assise, guérissant les pestiférés.**

Au milieu d'une salle où règne la désolation, saint François d'Assise se présente pour guérir miraculeusement les pestiférés.

Toile. — Haut.. 55 cent.: larg.. 45 cent.

ISABEY

(Attribué à EUGENE)

49 — La Duchesse d'Abrantès.

Dans un paysage, la duchesse d'Abrantès en pied, un fichu rouge sur les épaules.

Signé à gauche : *E. I.*

Toile. — Haut.. 71 cent.; larg.. 60 cent.

MILLET

(Attribué à JEAN-FRANÇOIS)

50 - Le Chemineau.

250

Assis sur une pierre, contre un mur, un vieux chemineau, sa besace déposée à ses pieds, mange dans une écuelle.

Signé à droite, en bas : *J.-F. Millet.*

Toile. — Haut., 12 cent.; larg., 22 cent.

ROUSSEAU

(Attribué à THEODORE)

51 Soleil couchant.

L'horizon est en feu : à travers de grands arbres, on voit le coucher du soleil. Au premier plan, une mare où se reflète le ciel rouge.

Il règne, dans cette œuvre, une intensité de lumière, un sentiment admirable.

Signé à gauche.

Toile. — Haut., 33 cent.; larg., 90 cent.

ECOLE FRANÇAISE

52   Le Chemin du Parc.

Dans un coin de parc aux arbres élégants, un sentier tortueux s'enfonce dans les massifs touffus.

Signé à gauche : *Corot.*

Toile. — Haut., 1' cent.: larg., 35 cent.

DIAZ DE LA PENA

(Attribué à NARCISSE)

53 — Forêt de Fontainebleau.

Dans la partie rocailleuse de Franchard, de petits arbres se perdent à l'infini.

Dans le milieu, une femme au châle rouge.

Signé à droite : *Diaz.*

Toile. — Haut., 27 cent.; larg., 35 cent.

ECOLE FRANÇAISE

54 L'Abreuvoir

1000

Un paysage montagneux de la Suisse ; un troupeau de vaches vient s'abreuver dans un cours d'eau ; à droite, une jument et son poulain ; en haut du coteau, un berger conduit deux vaches.

Signé à droite : *C. Troyon.*

Toile. — Haut.. 70 cent.; larg.. 1 m. 43.

Imp. Française, 173, rue Montmartre. — J. Dangon.